JOURNAL MANUSCRIT

DE JACQUES MERLIN,

PASTEUR DE L'ÉGLISE RÉFORMÉE DE LA ROCHELLE,

DE 1589 A 1620,

PAR M. DUNAN,

PROFESSEUR D'HISTOIRE AU LYCÉE
ET MEMBRE DE LA SOCIÉTÉ LITTÉRAIRE DE LA ROCHELLE.

La bibliothèque de la Rochelle possède un manuscrit autographe du pasteur protestant Jacques Merlin. Ce manuscrit, dont quelques écrivains ont cité des passages, est encore inédit; il a pour titre : *Recueil des choses les plus mémorables qui se sont passées en cette ville, par Jacques Merlin.*

Le manuscrit de Merlin forme un in-folio de 568 pages; il n'est pas en très-bon état, et quelques pages, surtout à la fin du volume, sont assez gravement détériorées. Il présente plusieurs transpositions dans la pagination, et deux ou trois pages manquent dans le corps du volume. L'écriture en est souvent fort difficile à lire, et il y a beaucoup de mots et même des phrases entières qui sont à peu près indéchiffrables. Nous n'avons pu découvrir comment ce manuscrit de Merlin a été conservé; car on ignore ce que sont devenus les descendants de ce pasteur. Nous savons seulement que son manuscrit était en la possession des pères de l'Oratoire de la Rochelle, qui l'achetèrent probablement vers 1750. La révolution française en a fait la propriété de la bibliothèque de la ville.

On trouve à cette même bibliothèque un autre manuscrit de Merlin; c'est son *Diaire* ou *Journal de sa vie*, formant un petit volume in-18 de 214 pages. En tête de la première page, on lit une note indiquant qu'il a été acheté en 1750 par les pères de l'Oratoire de la Rochelle. Ce petit manuscrit ou diaire du ministre J. Merlin, qui n'est qu'un récit abrégé de sa vie, a été publié pour la première fois en 1855, et édité à Genève, par M. le pasteur A. Crottet.

Quant au manuscrit qui porte le titre de *Recueil des choses les plus mémorables, etc.* et que Merlin appelle un *diaire* ou *journal*, on en a une copie manuscrite, qui se trouve également à la bibliothèque de la Rochelle. Cette copie n'est pas très-fidèle; plusieurs passages de l'original y ont été omis, les uns comme insignifiants, les autres comme hostiles à la religion catholique; il y a en outre d'assez nombreuses différences d'expressions. La copie du manuscrit de Merlin nous vient également des pères de l'Oratoire, et l'on pense qu'elle a été faite par les soins du P. Jaillot. Arcère nous apprend en effet que le P. Jaillot, ayant formé le projet d'écrire l'histoire de la Rochelle, rassembla un grand nombre de livres, de manuscrits et d'anciens documents. Le Journal de Merlin était sans aucun doute au nombre des matériaux réunis par le savant oratorien [1].

Jacques Merlin, qui devait être ministre de l'Église réformée, appartenait à une famille toute dévouée au protestantisme. Son père, le pasteur Pierre Merlin, fut un homme d'un vrai mérite, qui a joué un rôle important à l'époque de nos guerres de religion. Pierre Merlin, qui était du Dauphiné, fut élevé en Suisse, et puisa près de Calvin lui-même ses doctrines. Ce fut un des nombreux pasteurs que le maître envoyait en France pour y organiser les églises réformées. L'amiral Coligny ayant demandé à Genève un ministre de talent pour se l'attacher comme chapelain, on lui envoya Pierre Merlin, qui dès lors fut chargé de diverses missions importantes : il assiste en effet au colloque de Poissy, prêche à la cour, se rend auprès de Jeanne d'Albret en Béarn, revient près de Coligny, remplit quelque temps les fonctions de pasteur à la Rochelle, suit l'amiral à Paris, et reste auprès de sa personne jusqu'à ses derniers moments. C'est à ce ministre que Coligny ordonne de faire une dernière prière, lorsqu'on lui an-

---

[1] Arcère, *Histoire de la Rochelle*, t. II, l. VIII, p. 431.

nonce, dans la nuit funeste de la Saint-Barthélemy, que sa maison est envahie et que des assassins viennent l'égorger. Pierre Merlin échappa au massacre comme par miracle[1].

Après la Saint-Barthélemy, Pierre Merlin se retira d'abord à Genève; mais l'estime que lui portait la maison de Coligny, et la reconnaissance pour les bienfaits qu'il en avait reçus, le décidèrent à demeurer le ministre de cette illustre famille, dont les membres qui avaient échappé au massacre s'étaient aussi réfugiés en Suisse. Pierre Merlin les suivit en France lorsqu'ils y rentrèrent, établit sa résidence dans le château de Vitré, et devint dès lors le ministre de la maison du comte de Laval, fils de Dandelot; il resta attaché à cette famille jusqu'à l'époque de sa mort, le 27 juillet 1603.

Au milieu de cette existence active et agitée, Pierre Merlin a trouvé le temps de composer plusieurs ouvrages qui ont été publiés[2].

Jacques Merlin, fils de Pierre Merlin, naquit à Alençon le 15 février 1566; il fut conduit de bonne heure en Suisse, où il fut élevé comme son père; mais il était encore en France en 1572; il avait alors six ans, et il se trouvait à Paris avec son père et sa mère à l'époque de la Saint-Barthélemy. Il raconte lui-même dans son Diaire comment il échappa à ces implacables massacreurs, qui n'épargnaient ni femmes ni enfants. Sa mère, qui logeait avec lui rue de Grenelle, fut sauvée par des gentilshommes de la suite de M. de la Châtre, et emmenée chez la duchesse de Ferrare; pour lui, on le laissa sous la garde d'une vieille femme, concierge d'une maison de la rue Saint-Honoré. Mais, le lendemain, cette femme ne voulait rendre l'enfant à sa mère que moyennant cinq cents écus; et elle menaçait de le livrer à un Italien, écuyer du

---

[1] A. D'Aubigné dit en effet, dans son *Histoire universelle*, t II, c. IV, que Merlin, ministre de l'amiral, s'étant échappé par les toits, alla tomber dans un grenier à foin; qu'il y resta caché quelques jours, et « qu'il fût mort de faim sans une poule qui en ce temps-là lui vint pondre trois œufs en la main. » Le même auteur fait allusion à cet événement singulier dans le livre V de ses *Tragiques*.

[2] On a de lui vingt-six sermons sur le livre d'*Esther*, imprimés à la Rochelle en 1591; une exposition sur les dix commandements de la Loi, un commentaire en latin sur le livre de *Job*, etc.

roi, si on ne lui donnait quelque bonne somme d'argent; il fallut que les gentilshommes qui avaient sauvé la mère allassent arracher l'enfant des mains de cette protectrice trop intéressée. « Ainsy, dit Merlin, je fus rendu sain et sauf à mon père et à ma mère, le mercredy après le massacre. Vray est, ajoute-t-il naïvement, que ceste femme me fit apprendre l'*Ave Maria* et me fit baiser des idoles, ce que mon père et ma mère m'ont souvent reproché. » La duchesse de Ferrare, quelques jours après, emmenait avec elle à Montargis ceux qu'elle avait si généreusement recueillis, et dont elle avait à cœur d'assurer le salut.

La famille de Merlin partit de Montargis pour Genève au mois d'avril 1573.

Jacques Merlin séjourna tour à tour à Zurich, à Berne et à Genève, et y fit ses premières études, sur lesquelles il donne de curieux renseignements, qui nous font connaître de quoi se composait alors un cours d'humanités. Il ne quitta la Suisse qu'en 1582, et revint en France près de son père et de sa mère, qui étaient alors établis à Vitré, en la maison de Laval. Il continue ses études et fait sa philosophie. Mais, en 1585, la guerre civile éclate de nouveau, et Merlin, avec son père et sa mère et la famille de Laval, va se réfugier dans l'île de Guernesey. En 1587, il passe en Angleterre, et ce fut là qu'il fit ses principales études théologiques. Il débarqua à Londres, et se rendit tour à tour aux universités de Cambridge et d'Oxford. « Là, dit-il, j'ai prins connaissance avec les docteurs en théologie. C'est à Oxford où, après avoir fait toutes les cérémonies et exercices scholastiques, je fus gradué maistre » (1588). Il revint quelque temps après à Guernesey; mais, en 1589, le pasteur de Nort, au nom du consistoire, le demanda à son père pour exercer la charge du saint ministère à la Rochelle. Il débarqua dans cette ville le 3 novembre 1589; quelque temps après, le 8 avril 1590, le ministre protestant Odet de Nort lui fit l'imposition des mains, dans le temple de Saint-Yon. Jacques Merlin avait alors vingt-quatre ans; il s'installa à la Rochelle, s'y maria et s'y fixa définitivement. Il est probable qu'il y resta jusqu'à la fin de sa vie. Dès lors il se consacra tout entier aux devoirs de son ministère, et il ne s'absenta guère de la Rochelle que pour quelques voyages qu'il fit à Saumur, à Vitré, à Angers, à Nantes, ou pour les missions qu'il eut à remplir comme député près des assemblées protestantes. Dans son Diaire, il parle très-longuement de quelques-uns de ces voyages; mais il ne donne que des détails intimes d'une grande naïveté, et qui sont pour la plupart tout à fait insignifiants et d'une prolixité vraiment fastidieuse; il nous dit comment il voyage, les ennuis et les fatigues qu'il a eu à éprouver, les personnes qu'il a vues, ce qu'on lui a dit, la manière dont il a été reçu et dont il a pris congé; en un mot, il raconte jour par jour et heure par heure, pour ainsi dire, tout ce qui lui arrive, sans nous faire grâce du moindre petit incident. Cependant, à différentes époques, et notamment en 1594 et 1596, Merlin vit à Saumur le fameux Duplessis-Mornay, qu'on appelait le *pape* du protestantisme; il fut reçu chez lui, et eut avec lui de fréquentes relations; mais il ne nous apprend rien d'important, et ne dit pas un mot des graves affaires qui se traitaient alors entre les catholiques et les protestants.

Merlin nous parle aussi très-longuement de ses maladies et des remèdes qu'il a employés, et il entre à cet égard dans des détails ne pouvant avoir de l'intérêt que pour ceux qui voudraient étudier ce qu'était la médecine au xvie siècle; enfin il nous entretient de lui-même avec une telle minutie et une telle complaisance, que l'on pourrait croire qu'il a porté au delà de toute mesure l'amour de soi et le soin de sa personne.

Cependant on trouve, dans cette espèce d'autobiographie du pasteur Merlin, quelques incidents curieux, qui peignent l'époque, quelques traits de mœurs bien caractéristiques; citons plutôt. Voici, par exemple, ce qu'il raconte, à propos d'un de ses voyages : « Une incommodité nous arriva dans les chemins, à une lieue de Chasteau-Gontier; le coche tenoyt enfoncé dans un bourbier profond, duquel on ne le peut tirer qu'au préalable tous ceux qui estoyent en coche descendissent; sur quoy certaines damoyselles, qui suyvoient Mlle de Courselles, disoyent que moy, qui estoys hérétique et ministre, en estoys cause... A ce propos les demandé que c'estoyt à dire hérétique et ministre, et autres telles demandes, esquelles il leur estoyt malaysé de me répondre. Je ne m'esmeu pourtant point; cela se passa en douceur. » Quelques lignes plus loin, il raconte qu'il arriva dans la ville d'Angers : « auquel jour, qui estoyt le 25 juillet, on célébroit la feste de saint Jacques avec beaucoup d'insolence, et la procession estoyt grande dans la rue par laquelle il me falloyt passer, et le peuple serré pour voir la fanfare; mais je me fis conduyre par un autre détour, par un paysan, au tertre de Saint-Laurent, où il y a quelques-uns de la religion demeurans. » On peut juger par là de l'antipathie profonde qui existait entre les catholiques et les protestants, à l'époque même où l'on allait promulguer une loi de tolérance. Mais voici qui est plus curieux : Jacques Merlin étant à Vitré, son père tombe malade, et, après plusieurs jours de souffrance, il expire le 27 juillet 1603. « La nuit du 13 juillet venant au lundy, dit Merlin, il fit un fort temps, il y eut des éclairs et tonnerre; le lendemain, jour de marché, les papistes qui hayssoyent mon père à cause de sa religion et de sa profession, firent courir le bruyt que le diable l'avoyt emporté avec la ruyne d'une partie du chasteau, et que la chambrière le tirant par les pieds, le diable luy avoyt esgratigné le visage. Ce bruyt fut si ferme et si constant entre les papistes, que, comme ceux de la religion réformée disoyent que c'estoyent menteries, et que le malade estoyt gisant au lict, parlant et se mouvant, ils ne le vouloyent croyre, répliquant que c'estoyt une statue qu'on gardoyt en un lict, pour puis après l'enterrer comme si c'eust esté un chrétien; et demeurèrent en ceste resverie preschée par les moynes des paroisses circonvoysines, jusques à tant que des papistes qui avoyent esté autrefois de la Ligue vindrent euxmesmes jusqu'au nombre de quatre au chasteau pour voyr mon père dedans son lict, parlant et se remuant. Mesme le marquis d'Espinay envoya un sien laquais pour cet effet jusqu'au chasteau, tellement que, si ce jour-là mon père fût décédé, jamais une telle opinion n'eust esté ostée de l'esprit des papistes. Mais ce fut le 27 dudit mois de juillet, au veu et sceu de tout le monde, dont puis après les papistes furent fort honteux de leurs impostures. C'estoyt le dernier assaut que Satam vouloyt livrer à ce sainct personnage, qui, n'ayant eu de prinse sur sa vie, vouloyt avoir le dessus en sa mort. » Au sujet des funérailles de son père, qui se font à

Vitré, au milieu d'un grand concours de protestants, il ajoute :
« Tous les papistes, sans y penser, lui firent honneur, car toutes les rues estoyent bordées d'hommes et de femmes, et les fenestres des maisons garnies d'assistans et de regardans. Nul de l'enterrement ne dit un mot qu'un paysan des champs, qui rit et s'avisa de dire, passant près des fossés de la ville, qu'il falloyt illec jeter le corps ; mais il fut promptement payé par un sergent, homme aagé, qui commença avec un baston ou houssine de charger d'appoint sur luy, bien que ce ne fust que de son propre mouvement, et non par charge d'aucun de la compagnie. Ainsy donc il fut remis en repos à l'égard de son corps, jusqu'au jour de la résurrection bienheureuse. »

De tels faits sont significatifs et font connaître l'esprit du temps. Le Diaire de Merlin, ou Journal de sa vie, ne contient plus guère, à partir de 1589, que des faits tout à fait insignifiants, et se termine vers l'an 1604. Après cette date, on n'y rencontre plus que quelques notes sur la famille de Merlin, ou sur quelques personnages de la Rochelle.

Voilà en résumé tout ce que nous savons de la vie du pasteur Jacques Merlin ; il ne fut pas aussi distingué que son père, ou du moins il n'a pas eu à remplir comme lui de hautes missions dans les affaires de son temps, et n'a point été attaché à quelque grand personnage, qui aurait pu le mettre un peu plus en évidence. Il occupe néanmoins un rang élevé parmi ses coreligionnaires. « Il devait être fort estimé, dit le P. Arcère, s'il faut en juger par les suffrages qui, dans les assemblées ecclésiastiques, se fixaient ordinairement sur sa personne, lorsqu'il s'agissait d'une députation [1]. »

Le P. Arcère parle avec éloge du talent oratoire de Merlin ; il dit que son éloquence était animée, forte, vigoureuse ; qu'elle s'annonçait par une voix éclatante et par une action vive. Mais nous

---

[1] Merlin fut en effet député, en 1593, au synode provincial de Saint-Maixent ; à celui de Barbezieux, en 1606 ; à celui de Saint-Jean-d'Angely, en 1612 ; à l'assemblée générale de Sainte-Foy, en 1615. Il fut choisi comme modérateur du synode national tenu à Saint-Maixent, le 25 mai 1618 ; et il venait de l'être de l'assemblée provinciale tenue à la Rochelle, le 25 mars de la même année.

avouerons que nous n'avons pas trouvé trace d'éloquence dans les ouvrages de Merlin. Il nous donne lui-même, dans son manuscrit, plusieurs fragments de discours qu'il a prononcés, soit comme pasteur, soit comme député auprès de quelques personnages importants ou de quelques assemblées : dans ces citations, faites par l'auteur lui-même, on ne voit rien qui ressemble à de l'éloquence, et qui puisse être comparé, par exemple, à la verve passionnée de D'Aubigné ou à la parole énergique de Calvin.

Passons maintenant au manuscrit de Merlin.

C'est un recueil chronologique des événements qui ont eu lieu à la Rochelle, et dont il a été témoin. Ce recueil commence en 1589, l'année même où Merlin vint se fixer à la Rochelle, et il finit en 1620. On ne sait si Merlin prolongea son existence au delà de cette date. Il nous avertit en tête de son Journal que, pour les événements antérieurs à 1598, il les a rédigés de souvenir; mais, à partir du commencement de 1598, il raconte pour ainsi dire au jour le jour tout ce qui se passe à la Rochelle; ce sont donc des mémoires écrits par un témoin oculaire, au fur et à mesure que les faits s'accomplissent.

Voici d'abord le jugement qu'en porte Arcère. « Ce recueil est estimable, dit-il; ici la précision de l'écrivain resserre les détails minutieux; là une sage attention donne à des faits remarquables une certaine étendue; on y trouve en quelque sorte l'état du ciel, l'apparition d'une étoile, d'une comète; les éclipses, l'affaiblissement de la lumière du soleil et d'autres particularités dans ce genre y sont exactement marqués; ce qui décèle un esprit observateur et curieux. » Une appréciation aussi générale ne peut guère nous donner une idée exacte du manuscrit de Merlin. C'est un recueil estimable sans aucun doute; mais quelle est au juste sa valeur historique?

Merlin n'a pas eu la prétention d'écrire des *mémoires,* dans le sens que nous attachons à ce mot; il n'a pas voulu composer un ouvrage qui pût voir le jour de la publicité. Il ne semble avoir écrit ce recueil que pour mieux se rendre compte à lui-même des événements qu'il voyait, pour en garder plus fidèlement le souvenir, ou tout au plus le transmettre à ses enfants et à ses descendants. Nous ne pouvons considérer le manuscrit de Merlin que comme des *annales* ou des *mémoires de famille*, c'est-à-dire des papiers qui étaient destinés surtout aux personnes de son entourage. De quoi s'agit-il en effet dans ce recueil? D'abord Merlin y parle beaucoup de lui, et il nous fait connaître les différents incidents de sa vie, ses occupations, ses voyages, ou bien, comme dans son Diaire, ses indispositions et ses maladies, les traitements qu'il a suivis et les remèdes qu'il a faits, parmi lesquels la saignée et la purgation jouent le rôle principal. Mais, en bon père de famille, il nous entretient aussi de sa femme, de ses enfants, de ses parents et de ses amis; et il nous initie aux petits événements de son intérieur. Mais, comme tout honnête bourgeois, il est curieux, et son Journal a sa colonne des faits divers, où il nous tient au courant des nouvelles du jour; il enregistre les naissances, les décès, les fiançailles, les mariages; annonce l'arrivée ou le départ de tels ou tels personnages, fait connaître tous les accidents et incidents curieux, les vols, les meurtres, les délits et crimes, et les exécutions de justice, les maladies et contagions, etc. Enfin, comme il s'adresse à tous les intérêts, il donne une espèce de cours de la Bourse, où il indique le prix des denrées, du blé, du vin, et signale pour chaque année l'abondance ou la rareté des récoltes. En même temps son Journal nous fait connaître même l'état du ciel, ce que M. Babinet demande depuis longtemps à nos journaux modernes. Merlin, devançant en quelque sorte l'idée du savant astronome, nous donne des nouvelles de la constitution du ciel, comme il dit, et il note avec soin les pluies, les orages, les tempêtes, les grands vents, les froids rigoureux et les grandes chaleurs, les éclipses, les météores et tous les phénomènes célestes qu'il aperçoit; il nous parle même quelque part d'*une maladie du soleil*.

Toutes ces indications, qui pouvaient sans doute avoir de l'intérêt pour les concitoyens de Merlin, remplissent près du tiers du manuscrit; mais hâtons-nous de dire qu'à côté de ces faits insignifiants pour nous, le Journal renferme beaucoup d'autres faits d'un intérêt réel et d'une véritable importance; aussi croyons-nous qu'il mérite à plus d'un titre d'être sérieusement étudié.

Le manuscrit de Merlin comprend deux époques distinctes, le

règne de Henri IV, de 1589 à 1610, et le commencement du règne de Louis XIII, de 1610 à 1620; il peut donc se diviser naturellement en deux parties : la première, c'est-à-dire celle qui embrasse le règne de Henri IV, ne nous offre guère, sauf le passage remarquable dont nous parlerons tout à l'heure, que des indications vagues ou de peu d'intérêt, et qui n'ont presque aucun rapport avec les événements généraux de l'époque. Il faut reconnaître d'ailleurs que, par suite de l'avénement de Henri IV, la Rochelle avait perdu quelque peu de son importance; la lutte de ce prince contre la Ligue était devenue une guerre toute politique, et la Rochelle, qui était comme le cœur du protestantisme en France, ne joua plus dès lors dans les affaires générales qu'un rôle secondaire, d'autant plus que le parti protestant montra, à l'égard du Béarnais, devenu roi de France, beaucoup de réserve et même de la froideur et de la défiance. Cependant la Rochelle se prononça tout d'abord pour Henri IV, prit part à la lutte qu'il soutenait et lui envoya à plusieurs reprises des subsides : mais elle ne fit guère plus pour lui que la plupart des villes qui avaient embrassé sa cause. Après la pacification générale qui suivit l'édit de Nantes, la Rochelle, comme le reste de la France, put jouir d'une tranquillité qui ne fut troublée pour elle par aucun événement particulier de quelque importance. Il n'est donc pas étonnant que, pour cette époque, Merlin ne nous rapporte que des faits d'un médiocre intérêt.

Mais la seconde partie, c'est-à-dire celle qui a trait aux premières années du règne de Louis XIII, est beaucoup plus importante pour les indications et les faits qu'elle renferme. Elle est en même temps présentée avec beaucoup plus de développement, et elle comprend au moins les deux tiers du manuscrit. Après la mort de Henri IV, le parti protestant, qui est resté calme pendant son règne, éprouve d'abord de vives alarmes; bientôt il s'agite et prend même une certaine part aux troubles que suscitent dans le royaume les grands d'abord, puis la reine mère, Marie de Médicis. Les protestants eux-mêmes manifestent leur mécontentement et élèvent des plaintes dans les synodes et les fréquentes assemblées qu'ils tiennent, et tout annonce qu'ils se préparent à de nouvelles luttes. Ces troubles, ces agitations en sens divers ont leurs contre-coups à la Rochelle, qui reprend son rôle de capitale du protestantisme. Aussi, pour toute cette époque, Merlin nous fournit de précieux renseignements, et nous trouvons dans son manuscrit des indications qui ont de l'importance et qui peuvent servir à l'histoire générale du temps.

Mais ce qu'il faut surtout signaler dans le Journal de Merlin, ce qui mérite, selon nous, la plus sérieuse attention, ce sont les indications et les renseignements qu'il donne sur les institutions municipales de la Rochelle. Il nous fait connaître les libertés et les priviléges dont jouissait encore à cette époque la ville de la Rochelle, et la part active que les bourgeois et le peuple prenaient alors aux affaires publiques. Dans le cours de ses récits, il nous montre le jeu de ces institutions, et fait fonctionner en quelque sorte sous nos yeux ce gouvernement qui avait conservé les traditions républicaines des grandes communes du moyen âge. Il nous entretient surtout très-longuement des conflits qui s'élèvent parfois entre les différentes autorités, des luttes même qui éclatent, comme en 1614, 1615 et 1616, entre le corps de ville et les bourgeois. Avec le manuscrit de Merlin, nous assistons pour ainsi dire aux réunions et aux délibérations du corps de ville, et aux assemblées des bourgeois; parfois nous voyons l'émotion qui s'empare soudainement des citoyens et l'émeute même qui s'agite dans la rue, et nous participons en quelque sorte à la vie publique d'une cité libre et indépendante.

D'après ce que nous venons de dire, on reconnaîtra sans aucun doute que les faits que contient le Journal de Merlin ont une véritable importance pour l'histoire générale de l'époque et surtout pour l'histoire particulière de la ville de la Rochelle. Ce journal a donc bien réellement une valeur historique remarquable; c'est un document où l'on peut puiser d'importants et utiles renseignements.

Mais, si nous admettons avec le P. Arcère que l'ouvrage de Merlin révèle de sa part un esprit observateur et curieux, nous dirons pourtant que c'est un esprit qui manque de portée et d'élévation : il y a chez lui absence presque complète de jugement et de critique; il rapporte les faits en narrateur fidèle et scrupuleux; mais il ne se permet que bien rarement de les juger ou de les commenter; il n'en voit, la plupart du temps, ni les causes ni les conséquences. On peut aussi lui reprocher de se complaire dans des détails inutiles et sans aucune valeur, et de s'arrêter à des choses futiles et tout à fait insignifiantes, tandis qu'il omet des indications qui auraient pour nous de l'intérêt. Par exemple, quand il parle de quelques assemblées ecclésiastiques qui se tiennent à la Rochelle, il donne d'amples détails sur la salle des séances, sur sa disposition intérieure ou sur l'heure et la durée des réunions; mais, sauf quelques rares exceptions, il ne dit pas un mot des questions qui sont traitées dans ces assemblées ou des décisions qui y ont été prises.

Mais ce que nous trouvons de plus étrange chez Merlin, c'est une crédulité véritablement étonnante, même pour le temps où il vivait; dans maint et maint passage il nous raconte des faits bizarres de sorcellerie et de magie, des visions de fantômes ou d'armées même parcourant le ciel, des apparitions fréquentes de revenants ou de diables. Lui qui était pourtant un homme instruit et éclairé, il accepte de pareilles choses sans en éprouver le moindre doute. Car voici ce qui lui arrive à lui-même : « Le Seigneur envoya à moy, à ma femme et à toute la famille une épreuve fort rude, qui commença le 28° jour de septembre, l'an 1595, par le moyen d'un esprit malin qui nous visita en telle sorte au logis où nous estions, que fusmes contraints d'en sortir le 12° jour d'octobre, l'an que dessus[1]. » Enfin, dans son manuscrit, il raconte, sur un ton qui montre tout l'effroi qu'il ressent, qu'on a été averti qu'un sorcier devait ensorceler la Rochelle, ses canons, ses arquebuses, ses armes, ses poudres et tous ses habitants, et que la ville était menacée d'une ruine imminente.

Quant au style, c'est surtout la partie faible de notre auteur, et nous n'hésitons pas à dire que le manuscrit de Merlin n'a aucune valeur littéraire; son langage est terne et incolore, prolixe et diffus, sans traits ni saillies; ses phrases sont lourdes et trainantes, et hor-

[1] *Diaire*, p. 37.

riblement surchargées de longues et nombreuses propositions incidentes qui parfois laissent à peine entrevoir le sens. Du reste, il n'avait pas la prétention de faire un livre; aussi ne trouve-t-on chez lui aucune apparence de composition littéraire.

Nous avons dit que la première partie du manuscrit de Merlin présentait peu d'intérêt; nous en exceptons cependant un passage qui nous paraît assez important, c'est celui où il est question de l'exécution de l'édit de Nantes à la Rochelle. Cette grande mesure de Henri IV, qui ferma la longue période de nos guerres religieuses, établissait la tolérance comme une des lois fondamentales du royaume, donnait aux protestants les mêmes droits qu'aux catholiques, et les mettait entre eux sur le pied de l'égalité. Une telle mesure apportait donc de grandes modifications à la situation du parti réformé en France, et elle devait intéresser au plus haut degré la ville de la Rochelle. Mais malheureusement Merlin ne parle de l'édit de Nantes qu'à un point de vue très-limité; il ne dit rien de la teneur générale de l'édit; il ne parle ni des garanties civiles et politiques accordées aux protestants, ni des places de sûreté qu'on leur laisse, ni du droit de réunion qu'ils obtiennent, ni de leur admission à toutes les charges et dignités, ni même des conditions qui y sont établies pour l'exercice du culte réformé; il ne s'agit, chez notre pasteur, que d'une seule chose, du rétablissement du culte catholique à la Rochelle, ou mieux encore, du rétablissement de la messe.

Le culte catholique était en effet proscrit à la Rochelle à peu près depuis le commencement des guerres de religion; il y avait reparu à plusieurs reprises, il est vrai, mais pour peu de temps. Or l'édit de Nantes stipulait que le culte catholique serait rétabli dans tous les lieux où il était encore proscrit, c'est-à-dire à la Rochelle, à Nîmes, à Montauban et dans le Béarn. Aussi un des motifs que Henri IV faisait valoir auprès des catholiques, dans le préambule même de l'édit, c'était la nécessité d'assurer partout le rétablissement du catholicisme.

Les clauses principales de l'édit de Nantes avaient été pour Henri IV l'objet de longues négociations avec les protestants et avec les catholiques, et il avait eu à vaincre des deux parts les plus graves difficultés. L'édit fut enfin signé le 13 avril 1598; mais, afin d'éviter tout froissement avec le légat du pape, dont il avait eu beaucoup à se louer, le roi attendit le départ de ce prélat avant de publier l'édit. Aussi il ne fut présenté au parlement de Paris qu'au commencement de l'année 1599. Le clergé et l'Université élevèrent de vives réclamations; une forte opposition se manifesta dans le Parlement même, et l'édit ne fut enregistré à Paris que le 25 février 1599. Le roi dépêcha deux commissaires dans chaque province pour promulguer l'édit, que tous les parlements du royaume durent alors enregistrer. Mais ce ne fut qu'après de longues et vives résistances, provenant là des catholiques, ici des protestants, que l'édit fut enfin mis à exécution dans les villes et les provinces.

Les deux commissaires envoyés dans l'Aunis étaient MM. Parabère et Langlois. Jean Beaudan de Parabère, d'une ancienne maison du Poitou, capitaine de cinquante hommes d'armes, était gouverneur de la ville et du château de Niort, et lieutenant général au gouvernement du Poitou. Martin Langlois, seigneur de Beaurepaire, ancien prévôt des marchands à Paris, était maître des requêtes. Ils arrivèrent à la Rochelle le 25 juillet 1599. Il y eut alors pendant plusieurs jours de fréquents et longs pourparlers, et des négociations fort difficiles avec le maire et le corps de ville, avec les pasteurs et les bourgeois, et ce ne fut qu'après de vives résistances que, le 4 août 1599, l'édit fut promulgué en présence des autorités diverses de la Rochelle; puis, le lendemain 5 août, l'édit fut publié à son de trompe dans tous les quartiers de la ville. Enfin, le 6 août, la première messe fut chantée dans l'église de Sainte-Marguerite, et, le 7, l'évêque de Saintes vint lui-même officier.

Merlin nous expose d'une manière très-complète toutes les négociations et les difficultés auxquelles donna lieu le rétablissement du culte catholique à la Rochelle; les longs développements que nous trouvons chez lui sur toute cette affaire, les détails circonstanciés et minutieux dans lesquels il entre donnent à ce morceau un caractère tout particulier et en font un des passages les plus curieux et les plus remarquables du manuscrit.

Nous allons le citer dans toute son étendue, sauf cinquante ou soixante lignes, que nous avons omises comme tout à fait insignifiantes.

HISTOIRE DE L'EXÉCUTION DE L'ÉDIT A LA ROCHELLE

ET DU RESTABLISSEMENT DE LA MESSE EN ICELLE.

Le 25 de juillet 1599, les commissaires, MM. de Parabère et Langlois, sieur de Beaurepaire, arrivèrent en ceste ville pour, en y exécuttant l'Édit, faire chanter la messe.

Le 26 de juillet, M. le maire assembla en sa maison, après disner, ceux de la maison de ville qui lui avoient esté nommés par ledit corps pour luy assister en la conférence et traitté avec les sieurs commissaires, ensemble les pasteurs et ceux d'entre les bourgeois qui avoient esté nommés par les cinq paroisses pour assister ledit sieur maire au susdit traitté, qui estoient au nombre de quinze. En ladite maison se passe ce qui suit :

Premièrement, M. le maire remonstra à MM. les bourgeois que le conseil tenu lundy 26 au matin avoit esté d'avis que les quinze bourgeois qui avoient esté nommés fussent réduits à deux ou à quatre, afin de pouvoir plus aisément s'assembler et pour gagner du temps, et aussi de peur de confusion; et ledit sieur maire s'excusa de ce qu'au matin, ayant voulu aller au conseil, la porte ne leur auroit esté ouverte, d'autant que les cent qui ont fait serment à laditte maison ont seuls le droit d'y entrer.

Tout aussitost MM. les bourgeois, estant assemblés en une chambre à part au logis de M. le maire, eslurent MM. Courault et Bernardeau, au nom de tous, et apportèrent audit sieur maire leur nomination, qu'il accepta. Ledit sieur Courault ajouta que MM. les bourgeois requéroient qu'on ne résolust rien qu'au préalable les résolutions prises ne leur fussent communiquées; ce qui leur fut accordé. Les deux ayant demeuré et les autres bourgeois s'en estant allés, nous prismes place. M. le maire demanda alors les avis touchant ce qu'il falloit proposer ausdits sieurs commissaires et sur quoy on devoit insister.

La résolution des avis fut que, si tant est que de nécessité il nous falloit recevoir le restablissement de la messe en cette ville, nous y condescendissions moyennant que ce fust en la mesme forme qu'elle se chantoit à Sainte-Marguerite en 1585, et que les processions fussent bornées à l'entour dudit lieu de Sainte-Marguerite; que l'hostie ne fust point pourmenée le jour du Sacre, ni aussi portée en pontificat aux malades; que les papistes ne feroient point leurs agiots à l'enterrement des morts, ni lorsqu'on deffoit les criminels par justice; que nous retiendrions nos cimetières et les paroisses; que, s'ils vouloient enterrer leurs morts avec nous, ils le pourroient; que nous ne fussions point obligés à garder leurs festes. Telle fut la conclusion prise unanimement.

Le mardy 27 de juillet, M. le maire, avec ceux qui lui estoient adjoints, alla trouver au matin MM. les commissaires du roy, et conféra avec M. de Parabère, et pour lors furent seulement les affaires un peu esbauchées. M. Parabère remonstroit que l'édit, qui estoit en nostre faveur, estoit aussi pour ceux de l'Église romaine, qui estoient remis en leurs droits et priviléges; que, quant aux catholiques, ils ne demandoient rien et qu'ils recevroient tout ce qu'on leur accorderoit: proposition qui estoit à double entente de la part desdits catholiques, ou parce qu'ils voyoient bien ce qui leur estoit accordé par l'édit, et qu'eux estant venus pour l'exécuter, par conséquent ils seroient mis en possession de ce qu'ils désiroient; ou parce que MM. les commissaires venant à ne leur octroyer ce qui leur estoit donné par l'édit, ils auroient le droit de faire des plaintes et de les envoyer à la Cour.

Le mesme jour mardy 27 juillet, M. de Parabère voulut conférer avec les pasteurs de l'Église et avec quelques anciens du consistoire.

(Le consistoire ayant été extraordinairement assemblé, les ministres furent priés, avec quelques anciens qu'on leur adjoignit, de faire ce que désirait M. de Parabère. La réunion eut lieu chez M. Dumont, un des ministres.)

M. de Parabère, dit Merlin, nous tint beaucoup de propos, dont le sommaire est tel:

Que le roy affectionnoit le bien de nostre parti autant que jamais, qu'en particulier il aimoit le consistoire de cette église; que charge luy avoit esté donnée par exprès de Sa Majesté de nous voir et de parler à nous, et que nous eussions souvenance de luy dans nos prières; qu'il avoit pris une charge de laquelle il estoit bien marry, mais que ç'avoit esté à la sollicitation des amis, seigneurs et mesme des églises; que le roy estoit en volonté résolue de faire exécuter en cette ville son édit, et que la cause pour laquelle il n'avoit esté encore vériffié en quelques cours de parlement estoit qu'elles alléguoient qu'à la Rochelle il n'estoit observé, et que partant nous ne recevions; et que le roy, pour les faire mentir et leur oster cy-après toute excuse, s'assuroit, tant en nostre fidélité et obéissance, que nous ne refusions point l'exécution de l'édit; qu'ayant donné ce tesmoignage d'obéissance, il se roidiroit tellement à l'encontre de ceux qui ne le voudroient vérifier, qu'il leur feroit reconnoistre finalement sa puissance, estant résolu d'interdire les cours refusantes et d'envoyer des gens de son grand conseil pour establir des chambres mixtes; partant que Sa Majesté désiroit que nous, pasteurs, tinssions la main à l'exécution de l'édit, de peur que le peuple ne vint à faire quelque chose de mal à propos; que Sa Majesté auroit une fois entendu que totalement nous refuserions l'édit, attendu que nous ne voulions souffrir le restablissement de la religion catholique, ce qui l'avoit fort contristée, ayant résolu de chastier ceux qui estoient causes et autheurs dudit refus, mais que depuis il avoit les lettres de ceux de la maison de ville qui luy avoient donné bonne espérance de nostre obéissance.

M. Dumont, prenant la parole au nom de tous, remercie très-humblement Sa Majesté de la souvenance qu'elle avoit de nous; que tout nostre désir estoit de la voir prospérer en toute félicité, et qu'au fait dont estoit question, nous y apporterions en bons chrestiens tout ce que nous pourrions.

(Merlin indique que M. de Parabère leur enjoignit d'assembler le colloque de l'Aunis.)

Il nous dit que cela nous estoit nécessaire, tant pour avoir ce qui nous estoit octroyé par l'édit, à sçavoir deux lieux en chaque bailliage, outre celuy que nous avions du roy et par les autres édits précédens; et qu'aussy les églises eussent à faire la nomination de trois lieux, dont il en choisiroit deux; comme aussy pour avoir en chaque église une attache des commissaires, afin de se conserver en la possession à l'encontre de ceux qui, à l'avenir, nous voudroient molester en justice.

(Des lettres sont écrites aussitôt à toutes les églises et au colloque pour se réunir à la Rochelle, selon la remontrance de M. de Parabère.)

Le mercredy 28 juillet, M. le maire, avec sa compagnie, alla trouver MM. les commissaires, auxquels, après avoir chacun pris sa place, adressant la parole à M. de Parabère, il dit : « Messieurs, je vois bien que nous ne pourrons pas obtenir de vous tout ce que nous demandons, mais il faut voir ce qu'il se pourra faire. »

Incontinent que MM. les commissaires ouïrent ce langage, ils dirent en eux-mesmes : Ils sont à nous, nous fairons d'eux ce que nous voudrons, et là-dessus commencent à augmenter les difficultés sur ce qu'on demande que le restablissement de la messe fust semblable à celuy de 1585, alléguèrent que ceux de nostre religion ont libre exercice d'icelle en toutes ses parties, pour tous les temples, et que partant nous ne devons restraindre celuy et ceux de l'Église romaine, attendu qu'ils sont fondés en l'édit qui leur accorde tout ; et la conclusion estoit qu'il se falloit donner garde de l'indignation du roy, qui avoit la puissance de nuire à cette ville de plusieurs sortes, aux affaires duquel elle n'avoit point d'égard pour nous y accommoder ainsi que nous devions.

Le mesme 28 juillet, M. le maire donna congé aux papistes de s'assembler en la salle de Saint-Michel, sous la conduite de M. Langlois, le commissaire. M. Loumeau, pasteur, et moi, ayant esté avertis, nous allasmes trouver le susdit maire et l'exhortasmes à apporter constante fermeté et prudence pour ce qui concernoit le bien de l'Église.

Jeudy 29 de juillet, M. le maire, avec sa compagnie, fut trouver les sieurs commissaires... Lesdits commissaires remonstrèrent, comme auparavant, qu'il falloit plus aux catholiques romains, parce qu'ils avoient, l'an 1585, attendu l'édit qui leur est favorable, alléguant que les catholiques requéroient que l'édit fust exécuté selon sa forme et teneur.

Jeudy, après disner, le conseil de la maison de ville tint près de trois heures, où fut avisé qu'à l'égard de l'édit et de son exécution, on ne s'y opposeroit, et que, sans plus entrer en nouvelle conférence avec les commissaires, on leur feroit entendre, pour la dernière fois, cette soumission générale qui portoit que lesdits sieurs commissaires fissent ce qui estoit de leur charge, qu'ils fissent publier l'édit, et qu'ils le fissent exécuter, ne voulant entrer en leur part en aucun accord particulier avec les catholiques romains.

Vendredy 30 juillet, M. le maire, avec sa compagnie, est allé trouver MM. les commissaires, pour leur faire entendre la résolution du conseil du jour précédent, laquelle ils ne trouvèrent bonne ni à l'égard de leur charge, ni à l'égard du service du roy, alléguant de par-dessus que ce ne seroit pas le bien de nos églises, « car, disoient-ils, l'édit sera publié ; mais lorsqu'il sera question de l'exécuter, vous empescherez les catholiques d'entrer en possession de ce qui leur est octroyé ; » adjoutant que les cours de parlement le sçauront par les plaintes que les catholiques de cette ville leur en feroient, lesquelles ensuite nuiroient à la vérification de l'édit ; que le service du roy seroit retardé par ce moyen en beaucoup des églises réformées ; et conclurent qu'il falloit aviser d'octroyer quelque chose de raisonnable auxdits catholiques, et que cela se fasse du consentement des uns et des autres.

On alléguoit au contraire, qu'en l'an 1585, lorsque M. le mareschal de Cossé vint en cette ville pour y restablir la messe, cela se fit sans aucun accord particulier de la part de MM. de la maison de ville avec lesdits catholiques.

(Le vendredi 3o juillet, le colloque s'assembla... il députa à MM. les commissaires trois pasteurs et trois anciens, pour adresser quelques plaintes au sujet des assemblées ecclésiastiques.)

M. de Parabère répondit qu'à la vérité, suivant les mots de l'édit, nous ne pouvions nous assembler ni en consistoire, ni en colloque, ni en synode provincial, sans la permission du roy, mais que Sa Majesté y avoit pourvu par la déclaration, laquelle viendroit en bref.

Les députés du colloque, moult étonnés de cette réponse, la rapportèrent à la compagnie, laquelle jugea que nos affaires estoient fort mal, et qu'il falloit s'employer à ce que, devant qu'on procédast à la publication et à l'exécution de l'édit, on eust ladite déclaration du roy sur ce qui concernoit nos assemblées ecclésiastiques, et que, pour cet effet le colloque communiqueroit de ce avec M. le maire, afin que la réponse de M. de Parabère faitte aux députés du colloque estant représentée à MM. de la maison de ville, ensemble les inconvéniens qui nous talonnoient et les grandes difficultés qu'il y auroit à obtenir ladite déclaration après la publication et exécution de l'édit, le corps de ville avisast s'il ne seroit pas expédient de demander ladite déclaration avant que de passer outre.

Le samedy 31 juillet, M. le maire ayant fait sonner la cloche du conseil, tout le colloque d'Aunis se transporta en corps vers MM. de la maison de ville, et M. de Chambusré, portant la parole, remonstra ce que dessus; et la conclusion fut qu'en effet, si nous n'avions ladite déclaration auparavant la publication de l'édit, ladite publication ne tendoit qu'à oster le presche et installer la messe, attendu qu'on ne pouvoit empescher l'exercice des assemblées ecclésiastiques, que quant et quant on ne nous ostast l'exercice de la religion. Les choses ainsy remonstrées, le colloque sort, et fut prise par ledit corps la résolution, qui fut que, sur ce qui avoit esté proposé par le colloque d'Aunis, on requerroit MM. les commissaires que, devant que de passer outre à la publication et exécution de l'édit, ils nous fissent obtenir la déclaration de laquelle a esté parlé, pour les raisons cy-devant déduites, et qu'on ne lairoit néanmoins de conférer toujours avec lesdits sieurs commissaires, en attendant laditte déclaration, et que ledit colloque seroit joint avec M. le maire, lorsque avec sa compagnie ordinaire, il iroit déclarer ladite résolution auxdits sieurs commissaires.

Partant, le susdit 31, sur les quatre à cinq heures du soir, M. le maire, avec son conseil, accompagné de quatre pasteurs du colloque et de quelques anciens, se transporte en la maison des commissaires, auxquels il fait entendre la résolution du conseil. Sur ce, M. de Parabère confesse qu'à la vérité il nous convenoit avoir pour le bien de nos églises cette déclaration, mais que cela viendroit fort mal à propos si on remettoit la conclusion de cette affaire présente jusqu'à ce que l'on eust obtenu laditte déclaration, qu'il s'assuroit qu'indubitablement elle nous seroit octroyée; qu'au cas qu'elle ne le fust pas, nous nous remissions en nostre premier estat; que, s'il sçavoit qu'elle ne nous dust point estre concédée par le roy, il chasseroit luy-mesme la messe hors de Niort; et d'autant qu'il ne pouvoit demeurer icy si longtemps sans rien conclure, que la ville ne s'étonnast point si le lendemain ils s'en alloient sans rien faire; mais que M. le maire et sa compagnie s'assurassent qu'en ce cas-là, nous ferions un grand tort à nos frères, et mettrions le roy en grand courroux; qu'il s'attendoit à nostre obéissance, et que, si la déclaration ne venoit sitost, c'est qu'il y avoit encore d'autres points contenus au cahier de l'assemblée présenté au roy, auxquels Sa Majesté vouloit pourvoir tout à la fois. Au surplus, M. de Parabère demanda à M. le maire si la maison de ville avoit avisé à ce qui concernoit l'establissement de ceux de la religion romaine, pour leur octoyer leurs demandes.

M. le maire répond que la maison de ville persévéroit toujours dans sa soumission générale, sans vouloir spécifier particulièrement aucune chose. Après ces paroles, la compagnie se sépara.

Le 2 d'aoust 1599, un lundy matin, M. le maire, avec sa compagnie, va trouver M. de Parabère, duquel les raisons eurent tant de poids en la conférence dernière, à l'endroit de M. le maire, qu'il ne parla plus d'attendre la déclaration de la Cour; mesme on faisoit grand cas, entre autres paroles du sieur de Parabère, de ce qu'il avoit dit que sur son honneur il assuroit que nous l'obtiendrions. M. le maire donc, contre ce qui avoit esté avisé le samedy dernier de juillet, changea de style, convint à traitter en la forme d'une protestation qu'il vouloit faire à la publication de l'édit, et ne fut cette affaire qu'un peu esbauchée, promettant lesdits sieurs commissaires qu'ils nous donneroient acte de nos protestations. En outre lesdits commissaires, se ressouvenant de la soumission générale, remonstrèrent audit sieur maire que cela les mettoit en peine, d'autant qu'ils regardoient à ce que cy-après l'exécution de l'édit fust entretenue, craignant que, si l'édit estoit seulement exécuté en termes généraux, sans que nous y eussions consenti pour mettre les catholiques en possession de ce qu'ils demandoient, il n'advint cy-après du tumulte; et partant, que ledit sieur maire eust à luy faire quelque bonne ouverture, afin de contenter lesdits catholiques, mais surtout Sa Majesté. Après disner, le susdit jour deuxiesme d'aoust, M. le maire assembla en son logis son conseil et les pasteurs de cette église, et proposa qu'il convenoit aviser à la forme de la protestation, et qu'on regardast si on vouloit changer les termes de cette soumission générale.

La résolution de cette assemblée fut, en premier lieu, que, pour les raisons cy-devant déduites, on n'useroit d'aucune convention particulière avec ceux de l'Église romaine, mais qu'on s'en tiendroit à la soumission générale; et, pour le second point, que, lorsqu'en l'auditoire l'édit seroit publié, à la fin d'yceluy le procureur de MM. de la maison de ville requerroit que MM. le maire, échevins et pairs, au nom de toute la ville, fussent reçus à employer leurs protestations; ce qui nous estant octroyé par les juges, nous viendrions par après à faire nos protestations autant amples que nous voudrions, lesquelles M. le lieutenant général garderoit par devers soy, donnant une promesse au greffier de les luy délivrer toutes fois et quand il seroit nécessaire pour le service du roy et le bien des églises; que la garde qu'en feroit le lieutenant général estoit pour empescher que quelque catholique n'en levast une grosse pour l'envoyer à la Cour. Les raisons qu'on avoit pour suivre un tel avis estoient qu'en toutes choses de conséquence, à l'exécution desquelles il convient protester, il faut suivre les formalités requises; que si icelles sont gardées en les moindres choses, à plus forte raison en une affaire de cette conséquence; qu'une bonne protestation faitte à cette occasion serviroit beaucoup plus que cinquante autres qui seroient faittes sans forme; chose en ce lieu requise; et en outre qu'il falloit remarquer que la commission desdits sieurs n'avoit point esté enregistrée; et la conclusion estoit qu'à l'insu desdits sieurs commissaires, sans leur communiquer l'avis qui avoit esté pris, on feroit, le jour de la publication, ladite protestation; néanmoins qu'on iroit trouver lesdits sieurs commissaires pour les entretenir en bonne humeur en attendant la publication de l'édit.

Sur les cinq heures dudit second jour d'aoust, M. le maire, avec son conseil, vint voir les commissaires... M. le maire, contre ce qui avoit esté avisé de ne luy point communiquer le susdit avis ni ladite résolution, néanmoins la luy va déclarer.

Adonc M. Parabère dit : « Comment avez-vous pris une telle résolution ? Si ainsy est, tout ce que nous faisons en ce lieu ne servira de rien. Quel ombrage prendront les cours de parlement quand elles entendront que l'édit a esté publié en ce lieu, mais avec des protestations à l'encontre ! Le roy sera moult indigné d'une telle procédure. N'avez-vous point considération du bien de vos frères, qui seront privés de la liberté de leur exercice, duquel ils jouissent dès à présent? Quand le conseil de Sa Majesté entendra que l'édit a esté reçu icy, mais avec protestation à l'encontre, que dira-t-il? Avec quelle hardiesse osera-t-il enjoindre aux autres cours de parlement, de par le roy, qu'elles procèdent à la vérification de l'édit? Ne voulez-vous point avoir égard aux affaires de vostre roy? Ne voulez-vous point avoir quelque respect pour luy? L'affection qu'il vous porte, le soin qu'il a de vous, ne vous émouveront point pour accorder quelque chose à la nécessité urgente d'icelles? »

A cela M. le maire dit : « Monsieur, c'estoit bien là mon avis, mais ces Messieurs que voilà, » montrant M. le président des Roziers, M. de Louaille et quelques autres, « m'ont emporté par la pluralité, non que pour autre égard j'y aye condescendu. » Il se dit quelques autres paroles sur ce fait-là, et néanmoins on persistoit en laditte résolution prise. Ainsi on se sépara.

Le mardy 3 d'aoust, le conseil s'assembla afin d'aviser à cette protestation. MM. du Présidial estoient sur le point de faire publier ce jour-là l'édit, mais MM. de la maison de ville envoyèrent MM. Chollet et Manigault prier lesdits sieurs de suspendre laditte publication jusqu'au jour suivant, ce qui fut fait. Ne laissèrent pourtant les gens du roy de demander acte de leur réquisition et de la dilation de laditte publication, ce qui leur fut octroyé. Or estant assemblés en la maison de ville, M. le maire envoya querir M. de Parabère, qui estoit déjà assis au banc des magistrats pour ouïr le presche en la salle Saint-Yon, lequel vint en la maison de ville où il remonstra par beaucoup de raisons, lesquelles ont esté déduites, qu'il ne falloit faire aucunes protestations au siége présidial, après l'édit lu et publié audit lieu, mais que, s'ils estoient en volonté de faire quelques protestations, ils les fissent par-devant eux, qui estoient commissaires; et qu'ils leur donneroient acte en tout ce qu'ils voudroient insérer en laditte protestation; de manière que la maison de ville par ces considérations changea d'avis.

Le susdit mardy 3 d'aoust, il y eut un consistoire extraordinaire assemblé, où furent proposées de grandes plaintes de tous les quartiers, à l'occasion du restablissement de la messe en cette ville, y ayant bon nombre de gens qui ne demandoient que quelque léger sujet pour soulever et empescher cet establissement. Mais il fut avisé qu'il falloit bien se donner de garde sur toutes choses d'une telle procédure. Lors fut proposé par plusieurs anciens qu'ils estoient disposés de remettre leurs charges ès mains de la Compagnie, si tant est qu'il ne fust pourvu en quelque sorte à la seureté de nos communes causes, de nos consistoires et assemblées ecclésiastiques.

D'avoir la déclaration susmentionnée avant la publication et exécution de l'édit, que c'estoit une chose impossible, veu le point auquel les affaires avoient esté menées, et partant fut pris cet expédient qu'on requerroit lesdits sieurs commissaires qu'ils nous donnassent une déclaration de la volonté du roy, attendant sa permission sur ce qui concerne nos assemblées, sans crainte de trouble... davantage qu'ils ne trouvassent mauvais si, incontinent après la publication de l'édit, nous ostions nos meubles qui estoient dans Sainte-Marguerite et ès maisons de l'appartenance dudit lieu; et que, quant à l'immeuble, à sçavoir les galleries d'en haut, fenestres et verrières, comme aussi la salle, qui est toute planchéiée, le prix raisonnable et la valeur de ces choses nous fust donné suivant le dire des experts, si mieux ils n'aimoient que nous ostassions le tout et remissions le lieu en son premier estat. Et fut donnée charge à MM. Loumeau, Merlin, Chalmot et Le Febvre, anciens, de remettre toutes ces choses ausdits sieurs commissaires; ce que nous fismes, après souper, le mesme jour 3 d'aoust; et nous accordèrent lesdits sieurs commissaires tout ce que dessus.

Comme nous fusmes sortis du consistoire, ledit jour nous entrasmes en la maison de M. le maire, pour lui recommander la conservation de la ville : après luy avoir fait cette recommandation, il nous fit voir ce qui avoit esté avisé en son logis touchant la forme de protestation qu'on feroit, non au présidial, car l'avis de la faire en cedit lieu avoit esté changé, ainsi qu'il a esté dit cy-devant, mais seulement par-devant eux, qui portoit que, jaçoit que on recevoit l'édit, c'est avec protestations qu'il ne préjudicioit aux humbles requestes présentées à Sa Majesté par le cahier de l'assemblée générale, avec protestations aussi que l'exécution dudit édit ne nous trouvast point en fraude, ains que, s'il n'estoit vériffié, publié et exécuté ailleurs, ils se remettroient en leur premier estat; de quoy ils auroient demandé acte.

M. le maire proposa ce que dessus ausdits sieurs commissaires, qui promirent incontinent de donner tel acte qu'on requerroit. Cette difficulté estant levée, mercredy 4 d'aoust, l'édit fut publié en cette ville; après la publication duquel nous avons déplacé ce que nous avions de meubles à Sainte-Marguerite, et les meubles papistes sont allés visiter le lieu de Saint-Berthomé, lequel ils se sont approprié.

Et afin que le déplacement de nos meubles se fist sans tumulte, nous avons prié M. le maire de nous bailler quelqu'un de ses gagers pour y tenir la main; ce qu'il nous a accordé; et au consistoire tenu après disner, nous avons député trois anciens, les sieurs Chalmot, Hamelot et Usson, pour voir le lieu où avoient esté mis nosdits meubles, et regarder s'ils estoient proprement arrangés, afin d'aller puis après mener MM. les commissaires pour aviser aux galeries, ou afin de les déplacer, ou afin de nous faire rendre quelque prix raisonnable d'icelles. Mais, pendant qu'on les alloit querir, les gagers de M. le maire s'en estant allés, il rentra des femmes et des enfans en grand nombre avec quelques jeunes hommes artisans, qui commencèrent à rompre les verreries, la chaire, et à défaire les planches de la salle, et à faire beaucoup d'insolences. M. le maire survint, qui enjoint au peuple de se départir; mais on le regardoit attentivement sans qu'on se remuast, et il y avoit très-grande apparence que, si M. le maire en eust voulu faire mettre quelqu'un en prison, il seroit survenu du désordre et du meurtre; néanmoins le serviteur de M. Loumeau, accusé d'avoir commencé, fut mis entre les mains de gagers, pour estre emprisonné; mais par chemin on l'osta d'entre les mains des gagers. Là-dessus MM. les commissaires firent de grandes plaintes à M. le maire et aux pasteurs.

Le jeudy 5ᵉ jour d'aoust, MM. Chalmot, Le Febvre et moy (Merlin) sommes allés trouver au matin M. de Parabère, pour luy tesmoigner de ce qui s'estoit passé le jour précédent, luy protestans que nous n'y avions aucune part, et n'avions point esté causes de ce tumulte. Il nous répond qu'il le croyoit ainsy, et qu'il sçavoit bien ceux qui en estoient la cause. Là-dessus il nous prie que les anciens soient députés pour aller chacun en son quartier, afin d'avertir le peuple qu'il eust à se comporter modestement et sagement, sans user de voyes de fait; et ledit sieur insiste à nous remonstrer que cela estoit nécessaire, d'autant que si, pour déplacer seulement ce qui nous appartenoit, tel bruit s'estoit passé, à plus forte raison, lorsqu'il voudroit bastir l'autel et y chanter messe, pourroit-il y avoir du tumulte.

Après le presche du matin, le consistoire, assemblé, résout que ce que demandoit M. de Parabère fust exécuté; et, en outre, on députe les sieurs Chalmot et Merlin pour protester ausdits sieurs commissaires que nous n'estions point cause de telle insolence et que nous en estions bien marris. Après disner, l'édit fut publié à son de trompette par tous les cantons de cette ville. Au mesme temps vint M. de Parabère chez M. le maire, afin d'avoir la clef de Sainte-Marguerite pour y faire bastir l'autel papistique; et fut faitte une grande faute par le consistoire qu'il ne gardast la clef, et que devant que de la rendre nous ne fussions satisfaits de la dépense faitte pour la construction de nos galeries et de fait nous en fismes bien quelques instances à M. de Parabère, qui, craignant la ligue du temps, pour faire court nous promit qu'il la payeroit luy-mesme. Mais lorsqu'il eut une fois la clef, ce furent des paroles sans aucun effet.

Partant, le 6 d'aoust, la messe fut chantée à Sainte-Marguerite, et le prédicateur papiste y sermonna.

Le 7 d'aoust 1599, l'évesque de Xaintes a pris possession avec les papistes du temple de Saint-Berthomé, et l'a consacré suivant les cérémonies papistiques.

A ce récit Merlin ajoute trois pièces importantes : le procès-verbal des commissaires, une lettre de Henri IV aux pasteurs de la Rochelle, et la réponse faite à cette lettre par Merlin lui-même.

IMPRIMERIE IMPÉRIALE. — 1866.

www.ingramcontent.com/pod-product-compliance
Lightning Source LLC
Chambersburg PA
CBHW060717050426
42451CB00010B/1482